ESSAY UND ARCHIV
Schriftenreihe des Historischen Archivs Krupp
Band 5

Rolf Sachsse
Leuchtende Farben

Die Alfried Krupp von
Bohlen und Halbach-Stftitung
hat die Reihe initiiert
und den Druck ermöglicht.

ROLF SACHSSE

Leuchtende Farben
Frühe Lichtbildreihen zu Krupp

„ESSAY UND ARCHIV" – EINE SCHRIFTENREIHE

Die 2021 erschienenen ersten drei Bände der Reihe „Essay und Archiv" haben bei Leserinnen und Lesern ebenso wie bei der Kritik positiven Anklang gefunden. Gemeinsam mit dem Historischen Archiv fühlt sich die Alfried Krupp von Bohlen und Halbach-Stiftung daher ermutigt, der Öffentlichkeit die nächsten drei Bücher vorzulegen.

Moderne Unternehmensgeschichte ist immer auch Mediengeschichte. Auf die Historie der Firma Krupp trifft das im besonderen Maße zu. Die Eigentümer des Unternehmens nutzten schon früh die Fotografie zu Zwecken der Dokumentation und Werbung. Daraus entstand eine Sammlung von über zweieinhalb Millionen Fotos, die heute in den Räumen des Historischen Archivs Krupp in der Villa Hügel lagert und mit der die Geschichte der Fotografie problemlos erzählt werden kann.

Eine außergewöhnliche Gattung des Bestandes ist das handcolorierte Dia. Zwei Serien dieser Art stammen noch aus dem Kaiserreich und zeigen „Krupp und sein Werk". Der Foto- und Medienhistoriker Rolf Sachsse beschreibt in diesem Band, wie die Bilder zur Verbreitung eines Unternehmensnarratives genutzt wurden. Vortragende fuhren mit Projektionsapparaten von Ort zu Ort und trugen in Schulen und in der Erwachsenenbildung zur Unterhaltung und Belehrung bei.

Auch der Weg zum fertigen Dia wird detailliert geschildert. In Zeiten der digitalen Bilderflut muten Belichtung, das Auftragen von Emulsionen und die Auswahl optischer Systeme wie alchemistische Vorgänge an: eine aufschlussreiche Zeitreise zu den Anfängen des populären Bildvortrages.

Es bleibt weiterhin spannend in den Essays zu Krupp.

Prof. Dr. Dr. h.c. Ursula Gather
Vorsitzende des Kuratoriums der
Alfried Krupp von Bohlen und Halbach-Stiftung

Die vom Skioptikon hervorgerufenen Bilder sind weniger vergänglich, als es scheinen dürfte. Sie können jeden Augenblick in gleicher Schärfe hier und überall sonst wieder hervorgebracht werden. Diese Erscheinungen stellen denen, die sie zu erklären und denen, die sie vor Augen haben, eine hohe und schöne Aufgabe. Im Gedächtnis der lernenden jüngeren Generation, die die Geschicke unseres Volkes einmal leiten wird, bildet sich nun ein Schatz mächtiger Anschauungen."[1] Was Hermann Grimm, Sohn von Wilhelm Grimm und der populärste Kunsthistoriker seiner Zeit, 1892 über die Nutzung des Projektionsapparats (Skioptikon) in Vorträgen und im Unterricht beschrieb, ist das Credo einer fortschrittlichen Didaktik, die das unmittelbare Bild-Erleben über jede sprachliche Vermittlung stellt. Jedes

Vordersteven für ein Linienschiff (aus Liesegang-Serie)

Textheft zur Liesegang-Serie, 1903, Titelblatt

Gebiet menschlichen Wissens, nicht nur die Kunstgeschichte, sei leichter über Darstellungen zu erläutern als über noch so gut formulierte Texte. Das Miteinander von Text und Bild in einem Vortrag wird um die Wende des 19. zum 20. Jahrhundert zu einer viel geübten Praxis.

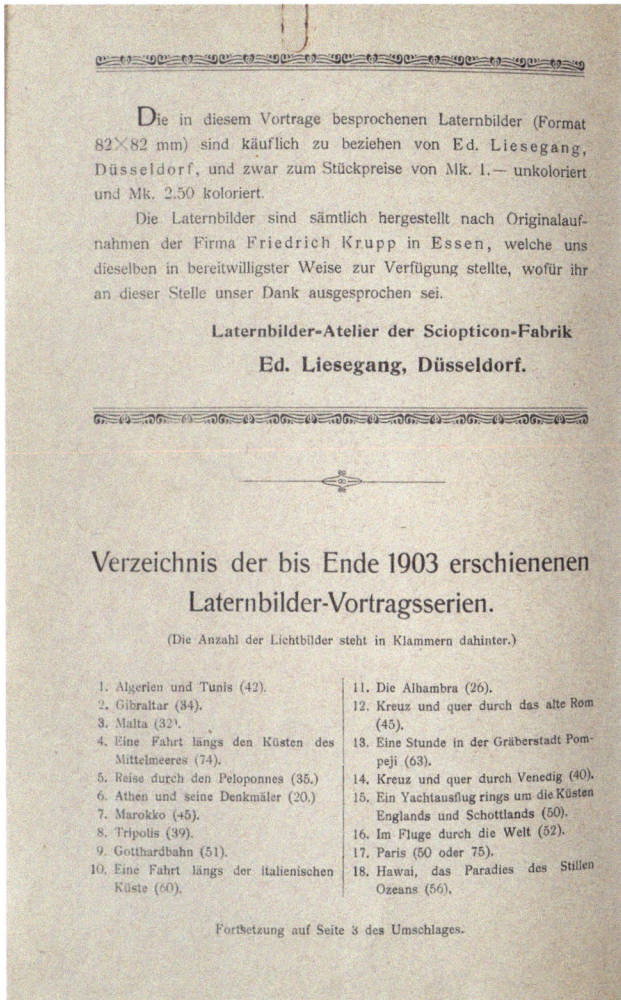

Textheft zur Liesegang-Serie, 1903, Vorsatzblatt

Das Vortragen ist zu allen Zeiten ein wichtiges Medium des Unterrichts gewesen, und auch in der Antike wurden gern Bilder vorgeführt, wenn es darum ging, einen Prozess zu gewinnen. In den Städten des Mittelalters und der Neuzeit gab es Bänkelsänger, die mit Leinwänden voller Bilder von

Ort zu Ort zogen und ihre Moritaten verbreiteten; in vielen Kirchen gab es Emporen mit biblischen Darstellungen, auf die die Priester nur hinzuweisen brauchten. Im späten 17. Jahrhundert erfanden niederländische Optiker die ersten Projektions-Apparate mit lichtverstärkenden Hohlspiegeln und präzise vergrößernden Objektiven; die daraus entstehende Laterna Magica wurde im 18. Jahrhundert zum Zeitvertreib der bürgerlichen Gesellschaft und erfuhr im 19. Jahrhundert durch die Fotografie wie durch Gas- und elektrische Lampen eine weitere Verbesserung. Am Ende des 19. Jahrhunderts konnte sich eine breite Bewegung der Volksbildung in den Städten auf vielfältige Art und Weise solcher Apparate bedienen: Im Planetarium lernte man den Himmel bei künstlicher Nacht kennen, in der Urania gab es Projektionen vom Mikroskop bis zur Mond-Oberfläche zu bestaunen, und zunehmend zogen Vortragsredner mit eigenen Projektoren und Bildserien durchs Land, immer in der besten Absicht, das Volk unterhaltsam zu unterrichten. Kein Wunder, dass auch die Arbeit der Krupp-Werke bald zum Gegenstand solcher Vorträge wurde. Schon 1894 kündigte der Wanderlehrer Hermann Wempe für das kommende Wintersemester einen Vortrag an mit dem Titel „Ein Besuch der Krupp'schen Werke zu Essen (nach eigener, durch eingehende Besichtigung erworbener Anschauung)", nicht ohne hinzuzufügen: „Durch große Lichtbilder veranschaulicht, welche die einzelnen Betriebe und Arbeiten vorführen."[2] Ein – wie wir heute sagen würden – virtueller Besuch bei Krupp gehörte um 1900 also bereits zur Volksbildung. Und zehn Jahre später waren lehrreiche Abendvorträge auch in den Krupp-Werken ein wichtiger Teil der betrieblichen Bildungsanstrengungen.[3]

DIE SERIEN

Im Historischen Archiv Krupp befindet sich eine ganze Reihe von Bildserien, die ursprünglich zur Projektion bei Vorträgen herangezogen werden konnten. Sie alle beschäftigen sich mit Themen der Industrie und des modernen Lebens, aber vier dieser Serien sind ausschließlich dem Thema Krupp gewidmet. Die älteste und für das Folgende bedeutendste ist eine Serie der Firma Liesegang aus Düsseldorf. Überliefert sind davon 37 farbige Bilder, die Außen- und Innenansichten verschiedener Krupp-Werke und vor allem diverse Stationen der Arbeit mit Eisen und Stahl zeigen.[4] Ihr zugeordnet ist eine zweite Serie derselben Firma mit 47 noch vorhandenen Diapositiven, die nahezu identisch ist mit der ersten und ausschließlich schwarzweiße Bilder enthält.[5] Zu diesen beiden Serien gehört ein Textheft, in dem jedes Bild beschrieben ist, so dass ein Vortragender nichts zu tun brauchte, als zur Projektion des Bildes den passenden Text vorzulesen. Dieses Textheft mit Anmerkungen zu 50 Bildmotiven stammt aus dem Jahr 1903.[6] Zwar stellte, wie im Vorspann zu lesen, Krupp die Fotovorlagen zur Verfügung, doch leider gibt es keine Belege für einen Auftrag durch die Firma oder ein Angebot durch Liesegang.[7]

Eine weitere Serie mit farbigen Diapositiven stammt aus der Produktion der „Seestern-Lichtbilder", die der Verlag E. A. Seemann in Leipzig 1911 aufnahm; die vorhandene Krupp-Serie von 23 farbigen Bildern[8] dürfte demnach kurz vor dem Ersten Weltkrieg entstanden sein. Alle drei Serien sind im damals gängigen, allerdings noch nicht normierten Rahmenformat für Diaprojektionen von 8,5 x 10 cm gefasst; die eigentlichen Bilder befinden sich zwischen zwei dünnen Glasscheiben, die durch schwarze Papier-Klebestreifen zusammengehalten werden. Auf den Rahmen aller drei Serien sind je zwei Etiketten angebracht, eins mit dem Namen des Verlags und eventuell einem kleinen Feld für die handschriftliche Eintragung einer Seriennummer, das andere mit einer

Fotografie als Vorlage: Walzen einer Panzerplatte
(Abzug, um 1906)

kurzen, ebenfalls hand- oder maschinenschriftlich eingetragenen Beschreibung des jeweiligen Motivs. Eine vierte Serie im gleichen Format stammt aus dem Jahr 1937, enthält 114 Schwarz-Weiß-Motive und wurde in der Werbeabteilung von Krupp selbst produziert.[9] Hier sind die Diapositive keine fotografischen Arbeiten, sondern drucktechnische Übertragungen auf Cellulosehydrat (Cellophan), das damals zu „Zellglas" eingedeutscht wurde; die Bilder sind dünne Folien mit Druck, die selbst in Klemmrahmen oder Glaskanülen eingelegt werden müssen, um projizierbar zu sein. Auch zu dieser Serie gibt es ein Textheft. Nur zur Seestern-Serie ist ein solches nicht nachweisbar, dürfte aber existiert haben.[10]

Die Serien – es seien hier beispielhaft nur die beiden farbigen beschrieben – folgen einem festen Narrativ, das in etwa demjenigen gleichzusetzen ist, das Karl Baedeker nach englischem Vorbild für das Genre der Reiseführer in Deutschland eingeführt hat und sich auch für Fabriken wie die von Krupp etablieren konnte. Zunächst werden einige Außenansichten und Rohstoffbetriebe vorgeführt, aus denen das Material stammt, das in den Krupp-Werken bearbeitet wird. Dann fol-

Bearbeitung als coloriertes Dia: Walzen einer
Panzerplatte (aus Liesegang-Serie)

gen Darstellungen einzelner Arbeitsschritte vom Gießen zum Walzen und Zuschneiden von Stahl. Das Kerngeschäft der Krupp'schen Produktion wird anhand der Herstellung von Radsätzen für die Eisenbahn sowie von Panzerplatten vorgeführt; hinzu kommen Bilder von den Maschinen, die mit Stolz als die größten der Welt beschrieben sind, darunter der berühmte Hammer „Fritz". Es folgt das Schmieden und Drehen einzelner Werkstücke wie Kurbelwellen und Schiffssteven, auch der Stahlguss wird mit einigen Produkten vorgeführt. Am Ende geht es um Geschütze und – bei der Serie von Liesegang aus dem Jahr 1903 – um die große Industrie-Ausstellung in Düsseldorf von 1902 und die dortige Präsentation der Krupphalle sowie einer Panzerplatte. Fast alle Serien schließen mit einem Denkmal Alfred Krupps, nur die späteste beginnt mit einem Porträt des Patriarchen.

Unzweifelhaft stammen alle Fotografien aller Serien aus der Krupp'schen Fotografie-Werkstatt, etwa ein Drittel sind identisch mit den Aufnahmen eines großen Albums aus dem Jahr 1906.[11] Sorgfältig wurden aus dem Bestand solche Bilder ausgewählt, die sich für eine Projektion – auch unter den

14

Tiegelstahlguss (aus Liesegang-Serie)

Tiegelstahlguss (aus Seestern-Serie)

Tiegelstahlguss (Ölgemälde von Heinrich Kley, 1909)

Tiegelstahlguss (Ölgemälde von Otto Bollhagen, 1912)

oft widrigen Bedingungen von Festsälen, Schul- und Hinterzimmern – gut eigneten. Diese Motive sind nicht unbedingt identisch mit denen, die Otto Bollhagen und Heinrich Kley etwa zur selben Zeit malten. Diese Maler bevorzugten weite Sichten auf große Hallen und panoramatische Ansichten der Fabrikanlagen. Die nach diesen Gemälden hergestellten Bildpostkarten wirken oft kleinteilig, und ihre Farben leuchten nicht so stark wie die der projizierten Diapositive.

Bevorzugte Motive der Lichtbildreihen sind vor allem halbnahe Sichten auf große Industrie-Anlagen, in denen Menschen nicht nur als Darsteller ihrer jeweiligen Arbeit, sondern auch als Größenmaßstab agieren. Selten werden die Szenen axial gezeigt, wie dies in der Architekturfotografie üblich ist, sondern in leichter bis mittlerer Diagonalsicht, also aus Blickwinkeln, die um 20 bis 45 Grad aus der Raumachse gedreht sind. Das ermöglicht auch eine Tiefenstaffelung des Geschehens, die mit dem gesprochenen Wort gut in Verbindung zu setzen ist. Da in den dunklen Räumen der Industrieanlagen noch recht lange belichtet werden musste, um eine gute Abbildung aller Details zu erhalten, wurden die Arbeiter mittels eines akustischen Signals – Trillerpfeife oder Signaltrompete – dazu angehalten, mitten in ihrer gerade ausgeübten Bewegung zu erstarren. Wo dies nicht möglich war, etwa bei Bild Nr. 17 (siehe S. 17) beim Gießen aus drei Pfannen in eine große Kokille, sind die Personen entsprechend verwischt im Bild zu sehen. Die Aufregung beim Fotografieren solcher Szenen spiegelt sich denn auch im Textheft wider, dessen Abschnitte während der Projektion vorgetragen werden sollen:

„Kokillen sind eiserne Formen zur Aufnahme von geschmolzenem Flußeisen, welches darin zum sogenannten Ingot erstarrt. Man nennt Kokille aber auch Teile von Formen, die zum anderen Teile aus Lehm oder Sand bestehen. Hier handelt es sich um eine der letzteren Art. Sie bezweckt das in die Form gelangte Gußeisen an der Berührungsstelle mit der Kokille hart zu machen, während dort, wo es mit dem Lehm der Form zusammentrifft, weich bleibt. Solches Eisen heißt dann Hartguß und wird u.a. zu Panzertürmen für Landbefestigungen benutzt, wobei Kokillen bis 160 000 Kilo Gewicht benutzt

Gießen einer großen Kokille aus drei Pfannen (aus Liesegang-Serie)

werden. Derartige Güsse werden im Kruppschen Grusonwerk in Magdeburg hergestellt. Die im vorliegenden Bilde gegossene Kokille wird aus dem Inhalte von 3 Pfannen erhalten. Die Pfannen fassen zusammen etwa 80 000 Kilo flüssiges Roheisen, welches in Kupolöfen umgeschmolzen wird. Von diesen sind in der Essener Eisengießerei 7 Stück vorhanden, zu denen noch 2 Flammöfen treten. Die jetzige Eisengießerei wurde im Jahre 1888 eingerichtet. Um das flüssige Eisen für eine Panzerturmplatte von etwa 120 000 Kilo zu erhalten, sind im Grusonwerk 3 Kupolöfen gegen 5 Stunden tätig. Das jedesmal abgestochene Eisen gelangt meist in einen mit Chamotte ausgekleideten eisernen Sammler, worin es unter einer Kohlendecke flüssig bleibt. Nach gehörigem Umrühren wird eine Schleuse gezogen und das Eisen fließt in einem Kanal als rotleuchtender Bach in die Form, die es mit lautem Brausen erfüllt. Was für Einrichtungen nötig sind, um solche Stücke zu bewegen, wird man verstehen, wenn man bedenkt, dass 120 000 Kilo etwa dem Gewicht eines ganzen Bataillons Infanterie entsprechen!"[12]

Fotografiert wurde ganz offensichtlich mit dem besten Material, das zu dieser Zeit verfügbar war: Der 1902 patentierte, panchromatische Schwarz-Weiß-Film ermöglichte (grau-)tonwertrichtige Abbildungen aller Farben – hier zu erkennen daran, dass die Arbeiter allesamt eine relativ helle Haut zeigen.[13] Dennoch reichten die damals höchst empfindlichen Emulsionen der für die Aufnahmen benutzten Glasplatten nicht immer aus, um gerade im Schatten oder Gegenlicht die nötige Differenzierung dunkler Grautöne noch vorzuführen. In vielen Bildern musste daher mit Zeichenstift und Lasurfarbe nachgearbeitet werden; deutlich sichtbar ist dies bei den beiden Aufnahmen aus dem Puddel- und dem Bessemer-Stahlwerk (Bilder Nr. 7 und 9, siehe S. 21), die in manchen Partien wie Gemälde erscheinen. Ein weiteres Beispiel sind die Backen der großen Zange zum Halten einer großen Bramme in Bild Nr. 29 (siehe Seite 21), die nahezu komplett als gezeichnet und laviert zu erkennen sind. Ebenfalls deutlich zu erkennen sind auf vielen Bildern die so genannten Überstrahlungen des Gegenlichts in den wenigen Fenstern der Gebäude oder an den hell glühenden Werkstücken – sie riefen geradezu nach einer weiteren manuellen Bearbeitung, durchaus auch in Farbe. Etwas einfacher hatten es in dieser Hinsicht Maler wie Kley oder Bollhagen: Ihre Bilder konnten in Farbe und Kontrast für den Druck von Bildpostkarten oder anderen Memorabilia angepasst werden.

Die Bildwelten der Maler konzentrierten sich auf die großen Erzählungen der Schwerindustrie, wie sie Adolf Menzel um 1870 in die Malerei eingeführt hatte.[14] Dem folgen auch die Lichtbildserien zu Krupp, sie konzentrieren sich auf das industrielle Geschehen und die Werkstücke, die dabei entstehen. Was den Serien fehlt, sind Hinweise auf die sozialen Errungenschaften der Krupp'schen Werke, die sonst in keiner der industriellen Selbstdarstellungen fehlen durften.[15] Das Soziale war wichtig, aber nicht der Gegenstand der Projektions-Abende; die Welt der Lichtbildserien ist die große Aufführung eines industriellen Theaters, und das musste farbig sein.

DIE FARBE

Es gibt Zeiten, die sind reif für Erfindungen, und es kommt dann auch gar nicht auf einzelne Menschen an: So war es um 1460 mit dem Buchdruck, um 1835 mit der Fotografie, um 1990 mit dem Internet. Eine ähnliche Zeit – wenn auch insgesamt weniger bedeutend – kann für die farbige Fotografie in den Jahren um 1900 angenommen werden. Hermann von Helmholtz, Ewald Hering und andere Wissenschaftler hatten sich in der zweiten Hälfte des 19. Jahrhunderts intensiv mit der menschlichen Farb-Erkennung beschäftigt und damit einen Boom der farbigen Fotografie ausgelöst, dem allerdings noch kein genuin physikalisch-chemisches Verfahren entsprach.[16] Also wurde eine Praxis verfeinert, die es bereits kurz nach der Erfindung der Fotografie gab: Die Bilder wurden von Hand partiell eingefärbt, eben coloriert. Das gilt auch für die beiden Bildserien im Krupp-Archiv: Sie sind handcoloriert. Benutzt wurden stark verdünnte Eiweiß-Lasurfarben, die wie Farbfilter wirkten; jede Verdichtung des grauwertigen Bildes ließ die Farbe dunkler erscheinen. Hergestellt wurden derlei Colorierungen in manufakturellen Betrieben, die entweder einem Verlag direkt angeschlossen waren oder als Zulieferer wirkten. Die Colorierung geschah in einer Form der Fließband-Arbeit: Jede Farbe wurde auf einer opak durchleuchteten Glasscheibe von einer anderen Person aufgetragen, dann wanderte das Bild weiter. Zumeist waren Frauen mit dieser Arbeit beschäftigt.

Ein Prospekt der Seestern-Lichtbilder etwa aus dem Jahr 1927 verzeichnet zwei Preisstufen der Colorierung: „frei coloriert (nach Phantasie)" oder „originalgetreu nach Vorlage", was vor allem für Gemäldereproduktionen galt und fast doppelt so teuer war.[17] Derselbe Katalog bietet sogar echte Farbfotografien nach dem damals gut bekannten Uvachrom-Verfahren an, allerdings zu einem horrenden Preis – und es sind niemals Diapositive nach diesem Verfahren bekannt geworden. Die beiden Serien von Liesegang und Seestern im Krupp-Archiv dürfen ohne weiteres der Kategorie „frei coloriert" zugeordnet werden, wobei

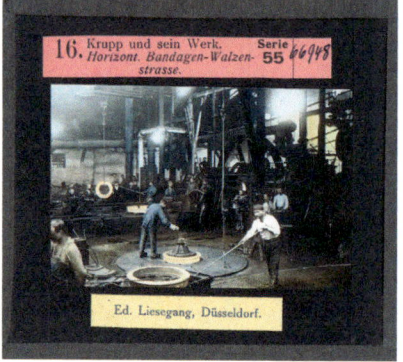

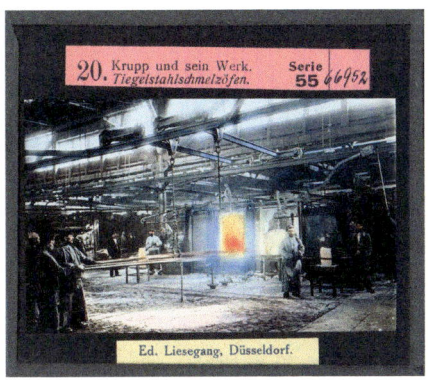

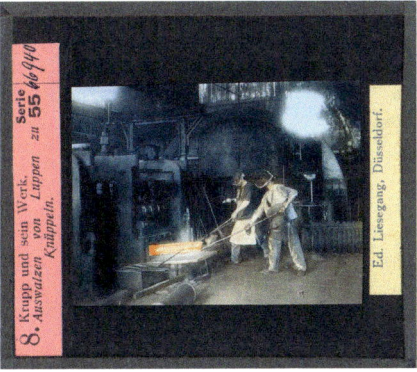

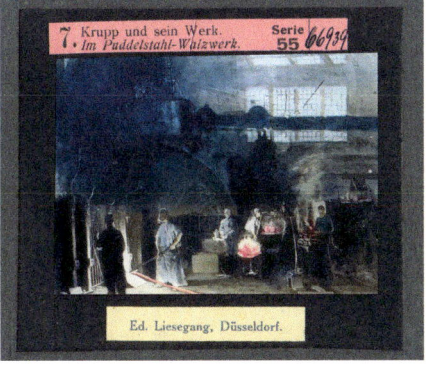

Hüttenwerk Rheinhausen (aus Liesegang-Serie)

der Anteil der Phantasie sich durchaus in Grenzen hält. Wie im industriellen Zusammenhang offensichtlich, wird die Farbe Grün nur sehr sparsam eingesetzt; außer einem gelegentlichen Bahndamm gibt es nichts Grünes in diesen Bildern. Ansonsten herrscht ein eher konventioneller Kanon der Farbigkeit: Alles was aus Eisen und Stahl ist, wird blau gefärbt; dasselbe gilt für die Arbeitskleidung, die alle Menschen außer den schwarz gekleideten und am Hut gut erkennbaren Angestellten zu ‚Blaumännern' macht. Die aus schweren Lodenstoffen bestehende Schutzkleidung nahe an den Öfen wird gern olivgrün eingefärbt, und der allgegenwärtige Rauch wird im Aufsteigen immer dunkler und gelbbrauner. Höchste Meisterschaft wird allein bei der Darstellung von schmelzendem und flüssigem Eisen oder Stahl entwickelt, die chromatische Skala von gelb zu orange entspricht exakt jenen Höllenfeuern, die die Maler seit Matthias Grünewald und seinem Isenheimer Altar für die Pein der Sünder entworfen haben.

Wer die colorierten Bilder dieser beiden Serien heute anschaut, mag über die bonbonartige Wirkung der Farben erstaunt, gar entsetzt sein – allzu stark erscheint das Leuchten in gelb, orange und blau, insbesondere an den Stellen der

Bilder, die zuvor weiß erschienen. Wieder lohnt der Vergleich mit den Malern Kley und Bollhagen, deren Farben nicht gar so plakativ ausgefallen waren wie in der Colorierung der Diapositive (siehe Seite 16/17). Doch sollte man sich vergegenwärtigen, für welchen Zweck diese Bilder hergestellt wurden: Sie dienen nicht als Druckvorlage, sie werden nicht in die Hand genommen und gegen ein helles Fenster zum Anschauen gehalten. Diese Bilder sollten auf Vorträgen mit Projektoren auf eine Leinwand geworfen werden, sie sind Teil eines Gesamtkunstwerks namens Projektion.

DIE PROJEKTION

Spätestens seit Platons Höhlengleichnis ist die Projektion ein wesentliches Mittel menschlicher Erkenntnis: Modellhaft ersetzt das projizierte Bild eine Realität, die man gerade nicht sehen und erfahren kann. Dass dieser Ersatz durch Höhle und Feuer, also durch Lichtquelle und Dunkelraum strukturiert ist, belegen nicht nur einige mythische Erzählungen der Antike – etwa die vom einäugigen Riesen Polyphem aus der Odyssee –, sondern auch die zahlreiche Erfindungen über die Jahrhunderte, die um 1900 in den großen Diapositiv-Projektoren endeten, für die die Bildserien von Krupp hergestellt wurden.[18] Eduard Liesegang, selbst Hersteller solcher Projektoren und Verfasser eines vielfach neu aufgelegten Buches zur „Projections-Kunst", benannte neben den selbstverständlich vorausgesetzten Bildern, die projiziert werden sollten, drei Komponenten einer gelungenen Projektion.[19] Zum einen war dies die Lichtquelle, zum zweiten der Bildhalter und zum dritten das Objektiv, mit dem das Bild an die Wand geworfen wurde. Recht wenig Gedanken machte sich der Autor um den Raum – dunkel soll er halt sein – und die Wand; sie waren vom Vortragenden nicht beeinflussbar.

Die Lichtquellen der Projektoren waren um 1900 so vielfältig wie die Gefahren, die von ihnen ausgingen. Neben Petroleum und Acetylen wurden diverse Sorten Gas wie

5.000-Tonnen-Schmiedepresse (Teil einer Postkarte nach einem Aquarell von Heinrich Kley, um 1912)

Wasser- und Sauerstoff über Kalksteine geleitet und zum Leuchten gebracht – alle Bemühungen und Apparaturen dienten der Herstellung einer starken Lichtquelle, die durch Hohlspiegel und andere Vorrichtungen noch verstärkt wurde. Mit dem elektrischen Strom kam die Lichtquelle aus zwei Kohlestäben, die unter Spannung gesetzt einen Leuchtbogen produzierten; die beiden Stäbe mussten auf millimetergenaue Abstände gesetzt und ständig nachjustiert werden. Das Resultat waren extrem helle Lichtquellen, die sich für eine Projektion auch in sehr großen Räumen eigneten; daher wurde das Verfahren trotz seiner hohen Brandgefahr bis in

5.000-Tonnen-Schmiedepresse (aus Liesegang-Serie)

die 1960er-Jahre eingesetzt. Für die Projektion von großer Bedeutung war zudem das optische System, dessen Justierung vor jeder Vorführung peinlich genau durchgeführt werden musste, damit präzise Darstellungen auf der Leinwand erschienen. Und: Alle Diapositiv-Projektoren um 1900 sind Vorläufer von Filmprojektoren, also die Grundlage des Kinos.

Das Kernstück der Projektion ist der Bildhalter. Über die gesamte Zeit des Projizierens hatten sich unterschiedliche Formen von Bildhaltern entwickelt, die allesamt vor allem auch einem Effekt Rechnung tragen mussten: Jedes Objekt, auch jede Fotografie, die in einen solchen Bildhalter gesteckt wurde, musste

"Janus-Epidiaskop": ein Liesegang-Apparat, mit dem sich auch Glasbilder projizieren ließen, bereits im Kaiserreich auf dem Markt (hier Produktbroschüre von 1925)

auf dem Kopf stehen und seitenverkehrt sein. Als Bildgröße hatte sich um 1880 das Maß von 8,5 x 10 cm etabliert, kleinere Größen wie 70 x 70 mm (für Rollfilme) und 50 x 50 mm (für Kleinbildfilme) kamen erst nach dem Ersten Weltkrieg in den Handel. Für eine gute Vorführung von Serien war es wichtig, den Übergang von einem Projektionsbild zum nächsten entweder möglichst kurz oder möglichst interessant zu gestalten. Dazu gab es eine Menge sinn- und trickreicher Vorrichtungen, vom Universal- und Doppelbildhalter über den Rapidwechsler bis zu Panoramahalterungen, bei denen lange Bilder hindurchgeschoben werden konnten – letztere waren oft keine Fotografien, sondern Scherenschnitte oder gemalte Szenerien.[20] Um diese Bildhalter zu bedienen, die Pumpen für die flüssigkeitsbetriebenen Leuchtmittel zu treten oder die Kohlestäbe rechtzeitig nachzujustieren, bedurfte es neben dem Vortragsredner zumeist noch eines Assistenten für die Technik. Solange es derartige Projektoren gab, bis weit in die 1970er-Jahre hinein, bedurfte es eines ‚Diaschiebers'; für Studierende der Kunstgeschichte war dies oft die erste Tätigkeit als Hilfskraft im Beruf.

DAS VORTRAGSWESEN

Welchen Umfang das Vortragswesen insgesamt hatte, mag man den Seriennummern der zur Firma Krupp produzierten Bildfolgen entnehmen: Bei Liesegang beginnt 1903 die Zählung mit 66.935, bei Seestern knapp zehn Jahre später mit der Nummer 71.436. Die Liste Nr. 316 der Firma Liesegang von 1913 verzeichnet 250 Serien à 50 bis 100 Bilder; „Krupp und sein Werk" markiert hier die Nr. 55 im Katalog. Nimmt man allein für Deutschland um 1910 rund 20 größere Verlage und Vertriebe an,[21] die ähnlich viele Bildserien in Umlauf hielten, so kann man sich eine Vorstellung davon machen, was für eine Branche das Vortragswesen war: 5.000 Serien mit je 50 Bildern – das war die kleinste Größe – ergeben eine Viertelmillion Motive, die in Auflagen von bis zu hundert Exemplaren verlegt wurden. Es waren also mehrere Millionen Diapositive unterwegs, um allabendlich in Schulen, bürgerlichen Kasinos, Wirtshaussälen und eigens eingerichteten Volksbildungshäusern vorgeführt und besprochen zu werden. In Fortsetzung von Zirkus und

Vorführsituation mit einem Liesegang-Projektionsapparat
(aus einer Produktbroschüre von 1910)

Variété, parallel zum beginnenden Kino ist das Vortragswesen die wichtigste Event-Branche der Zeit um 1900, und zwar sowohl zur Unterhaltung als auch zur Belehrung. Die heute im Krupp-Archiv verwahrten Seestern-Serien stammen aus Beständen der Kreisbildstelle Stormarn in Schleswig-Holstein, von wo sie über das Kreisarchiv im Jahr 2006 den Weg nach Essen fanden. Es darf davon ausgegangen werden, dass sie ursprünglich von Schulen und anderen Einrichtungen der öffentlichen Hand im Landkreis genutzt worden sind.

Die Bildserien waren in den allermeisten Fällen mit kleinen Heften ausgestattet, in denen zu jedem Motiv ein kurzer Text angeboten wurde, der von geübten Sprechern in anderthalb bis zwei Minuten vorgelesen werden konnte – so auch im Fall „Krupp und sein Werk." Ein Vortrag mit 50 Bildern dauerte also rund anderthalb Stunden, die klassische Form des abendlichen Vortrags. Die längeren Serien waren dem direkten Unterricht vorbehalten, wie er in Schulen und vor allem den im 19. Jahrhundert weit verbreiteten gewerblichen Fortbildungsschulen mit Unterricht an Sonn- und Feiertagen üblich war.[22] Solche Schulen waren in Städten gegründet worden, zogen um 1850 herum aufs Land, und wo sich kein Raum fand, wurden Wanderlehrer eingesetzt – eine Berufsbezeichnung, die sich bis heute in manchen landwirtschaftlichen Arbeitsfeldern für die Ausbildung erhalten hat. Ganz ähnlich wurde die heute noch erhaltene colorierte Krupp-Serie der Firma Liesegang verwendet: Ihr ursprünglicher Besitzer war ein Schweizer, der von 1918 bis 1950 als Lehrer im abgelegenen Emmental (Kanton Bern) arbeitete und sich auch abseits der Schule für Bildung engagierte. Als die Gemeinde ans Stromnetz angeschlossen war, hielt er an Winterabenden Lichtbildervorträge für Schüler und Erwachsene. Dazu nutzte er unter anderem auch die Krupp-Dias.[23]

Die Bildserien von Krupp waren aber nicht nur erbauliche Belehrung, sondern sicher auch Teil von Kampagnen, um Menschen auf dem Land für Berufe im industriellen Komplex zu interessieren. Gerade im letzten Jahrzehnt vor dem Ersten Weltkrieg wurden Arbeitskräfte dringend gesucht, und da dürften diese Bilder, insbesondere in der farbigen Fassung, ihre Wirkung nicht verfehlt haben.

Putzen von Stahlformgussstücken im Martinwerk 3
(aus Seestern-Serie)

Die Wanderlehrer, Volksbildungs-Anstalten und -Vereine waren durchaus nicht immer so zahlungskräftig, dass sie die Projektoren und Bildserien ihrer Vorträge kaufen konnten; gleiches gilt auch für die Veranstalter wie Schulen oder Wirtshaus-Saalvermieter, die nur zum kleinen Teil mit fest installierten und daher zuverlässigen Projektoren ausgestattet waren. Daher boten die großen Hersteller von Glasdiapositiven wie Liesegang und Seestern sowohl ihre Projektoren wie ihre Serien auch zur Ausleihe an.[24] Diese Praxis spiegelt sich auch im Angebot der Serien: Alle Erdteile werden da vorgestellt, auch die einzelnen Länder Europas, daneben Überblicke aus der Archäologie und Kunstgeschichte, darunter auch einzelne Vorträge zu großen Meistern wie Dürer oder Rembrandt. Zwei Vortragsbereiche sind besonders umfangreich vertreten: die christliche Religion und die neuesten Erkenntnisse der Naturwissenschaften, insbesondere aus Biologie und Chemie. Zusätzlich gab es Unterhaltungsprogramme wie illustrierte Darstellungen von Märchen und Volkssagen, dazu Bilder aus Zoologischen Gärten und historische

Porträts. Ein eher kleiner, aber nicht unwichtiger Bereich der Vortragsthemen ist der Stichwortgruppe „Verkehr, Industrie, Technik" vorbehalten; hier ist auch die Serie zu Krupp zu finden, neben solchen zu Borsig, dem Steinkohlebergbau – beide auch im Historischen Archiv Krupp überliefert – und zu anderen Betrieben der Schwerindustrie sowie zu speziellen Themen des Verkehrs wie etwa der noch ganz neuen Fliegerei und dem immer spektakulären Brückenbau. Auffällig ist bei der Auswahl der angebotenen Serien, dass die neueren Bereiche der Industrie wie etwa die Chemie oder die Medientechnologien Foto und Film noch fehlen – sie waren nicht so leicht spektakulär ins Bild zu setzen.[25]

Schaut man sich unter den Gesichtspunkten der Projektion und des Vortragswesens die Bilder zu „Krupp und sein Werk" noch einmal an, so kann man jenseits des klassischen Rundgangs durch das Werk und seine Bereiche in den Bildern motivische Gemeinsamkeiten feststellen, die bei einer Betrachtung wie im Fotoalbum – etwa dem von 1906, in dem ja einige Fotografien der Diapositiv-Serien wiederzufinden sind – nicht besonders auffallen. Wichtigstes Element in den meisten Bildern sind die Menschen, die mit Maschinen und Material interagieren. Spezifische Handgriffe werden vorgestellt, die Berufs- und Schutzkleidung ist gut erkennbar, gerade auch in den farbig gefassten Bildern. Auch unter der Maßgabe, dass alle Bilder gestellt sein müssen – für Momentaufnahmen war die Umgebung immer zu dunkel –, sind die typischen Gesten und Haltungen deutlich dargestellt. Wer immer die Auswahl für die Bildserien zusammengestellt hat, wollte die Faszination der Arbeit bei Krupp deutlich machen. Im weitesten Sinn des Worts sind die Lichtbildserien zu Krupp also Werbung für die Arbeit im Werk von Krupp. Das passt auch didaktisch in die Zeit um 1900: Jedwede Erziehung kulminierte in freudig getaner Arbeit, das sollte wohl auch in diesen Serien vermittelt werden.

So weit die Lichtbildserien zwischen 1890 und den 1950er-Jahren verbreitet waren, so umfangreich die Angebotslisten der Hersteller und Verleiher, so wenig wurden die Serien und Bilder selbst als wertvoll angesehen – mit dem Erfolg, dass ihre Überlieferung ausgesprochen gefährdet ist.

Tiegelträger (aus Seestern-Serie)

Selbst in Bildungsanstalten wie Universitäten, Lehrer- und Priesterseminaren, Schulen und Volkshochschulen wurden die großen Bestände an Vortragsdiapositiven „entsorgt", verschenkt und weggeworfen. So kommt es, dass die Lichtbildserien, die sich heute im Historischen Archiv Krupp – leider nicht ganz vollständig – befinden, wohl zu den ganz wenigen, nahezu einzigen gehören, die noch existieren. Ihre Qualität und Schönheit ist noch wieder zu entdecken.

ANMERKUNGEN

1. Hermann Grimm: Die Umgestaltung der Universitätsvorlesungen über Neuere Kunstgeschichte durch die Anwendung des Skioptikons (1892), in: Wolfgang Kemp (Hg.): Theorie der Fotografie, Band 1 1839-1912, München 1980, S. 200-205, hier S. 204.
2. Digitaler Anhang zu Susanne Barth: Wanderlehrer, Redner, Vortragende. Mobile Lehrkräfte und ihre Vorträge in der Volksbildung im 19. Jahrhundert, Heidelberg 2020: https://static-content.springer.com/esm/chp%3A10.1007%2F978-3-658-29894-4_6/MediaObjects/474060_1_De_6_MOESM1_ESM.pdf (zuletzt abgerufen 20.10.2020).
3. Siehe Krupp 1812-1912. Zum 100jährigen Bestehen der Firma Krupp [...], Jena 1912, S. 393 (zu den Aktivitäten des „Kruppschen Bildungsvereins").
4. Historisches Archiv Krupp: F 41/9.
5. Historisches Archiv Krupp: F 41/14.
6. Historisches Archiv Krupp, S 1: K 7/10.
7. Im Nachlass Liesegang im Filmmuseum Düsseldorf ist Korrespondenz der Fa. Liesegang erst ab 1906 nachweisbar. Hinweise auf Krupp finden sich nicht. Ich danke Herrn Frank Troschitz für seine Unterstützung.
8. Historisches Archiv Krupp, F 41/1.
9. Historisches Archiv Krupp, F 41/13. Textheft ebd. WA 60/957.
10. Siehe Sächsisches Staatsarchiv, Bestand 21082 E. A. Seemann, Leipzig, dort unter „Technologie und Technik, Maschinen" verzeichnet 960 Lichtbilder, nicht nach Firmen aufgeschlüsselt: https://www.archiv.sachsen.de/archiv/bestand.jsp?guid=e0555998-6378-4d96-b9c7-8cb6265ee3ea (zuletzt abgerufen 20.10.2020). Siehe auch E. A. Seemanns Lichtbildanstalt. Übersicht über das Katalogmaterial der „Seestern-Lichtbilder", Leipzig [1927].
11. Historisches Archiv Krupp, WA 16 b 203. Einige Motive abgedruckt bei Klaus Tenfelde (Hg.): Bilder von Krupp. Fotografie und Geschichte im Industriezeitalter, München 1994. Krupp. Fotografien aus zwei Jahrhunderten, hg. von der Alfried Krupp von Bohlen und Halbach-Stiftung, Berlin/München 2011.

12 Krupp und sein Werk. Vortrag zu einer Reihe von 50 Lichtbildern. Vom Direktor der Maschinenbauschule in B., Düsseldorf 1903, S. 13-14.

13 Siehe Edwin Mutter: Kompendium der Photographie, Bd. 2: Die Negativ-, Diapositiv- und Umkehrverfahren, Berlin 1962, S. 72-76.

14 Siehe Werner Busch: Das Eisenwalzwerk – Heroismus der Moderne?, in: Adolph Menzel. Leben und Werk, München 2004, S. 104–114.

15 Siehe Rolf Sachsse: Mensch – Maschine – Material – Bild. Eine kleine Typologie der Industriefotografie, in: Lisa Kosok, Stefan Rahner (Hg.): Industrie und Fotografie. Sammlungen in Hamburger Unternehmensarchiven, Hamburg/München 1999, S. 85-93, hier S. 92.

16 Siehe Siegfried Gohr (Hg.): Farbe im Photo. Die Geschichte der Farbphotographie von 1861 bis 1981, Köln 1981. Rolf Sachsse: Wilhelm Ostwald. Farbsysteme. Das Gehirn der Welt, Ostfildern-Ruit 2003, S. 11-53.

17 E. A. Seemanns Lichtbildanstalt. Übersicht über das Katalogmaterial der „Seestern-Lichtbilder", Leipzig [1927], S. 9 (unpag.).

18 Siehe Jens Ruchatz: Licht und Wahrheit. Eine Mediumgeschichte der fotografischen Projektion, München 2003.

19 Siehe Paul Eduard Liesegang: Die Projections-Kunst für Schulen, Familien und öffentliche Vorstellungen [...], 8. Aufl., Düsseldorf 1882.

20 Siehe Eduard Liesegang: Verzeichnis von Glasphotogrammen für den Projektions-Apparat. Lichtbilder in Woodbury-Druck, Düsseldorf 1905. ders.: Verzeichnis der Lichtbilder-Serien Nr. 1 bis 250, Düsseldorf 1913.

21 Siehe eine von der Mediathek der Humboldt-Universität Berlin zusammengestellte Liste von Glasdia-Herstellern: https://wikis.hu-berlin.de/mediathek/Glasdias_Hersteller (zuletzt abgerufen 26.10.2020).

22 Siehe Heinrich Wilhelm Pabst: Über landwirthschaftliche Fortbildungsschulen und Wanderlehrer sowie über die Mittel zur Bildung und Belehrung des Bauernstandes überhaupt, Wien 1867.

23 Die Serie gelangte im Jahr 2004 aus der Schweiz ins Historische Archiv Krupp.

24 Siehe Liesegang: Lichtbilder-Serien, 1913 (wie Anm. 20).

25 Siehe Stoffwechsel. Die Ruhrchemie in der Fotografie, Dortmund 2018.